A. LE BÉALLE

RÉFORMES
RÉGÉNÉRATION

PARIS
E. LACHAUD, ÉDITEUR
4, PLACE DU THÉATRE-FRANÇAIS

1872

A Monsieur

Hommage respectueux de l'Auteur.

Juillet 1872.

RÉFORMES. RÉGÉNÉRATION

PARIS, TYPOGRAPHIE LAHURE
Rue de Fleurus, 9

A. LE BÉALLE

RÉFORMES

RÉGÉNÉRATION

PARIS

E. LACHAUD, ÉDITEUR

4, PLACE DU THÉATRE-FRANÇAIS

1872

A MONSIEUR LE PRÉSIDENT

A MESSIEURS LES MEMBRES

DE L'ASSEMBLÉE NATIONALE.

Le projet que j'ai l'honneur de vous soumettre a été présenté par moi à l'Empereur, qui le renvoya à l'examen de M. le Ministre des travaux publics. (*Lettre d'avis, du* 3 *septembre* 1862.) — Réclamé pour être modifié, il n'a pas été retrouvé!... (*Lettre du Ministre, du* 26 *mai* 1864.)

Ce n'est donc pas l'exposé d'une idée spontanée, mais bien l'expression d'idées accumulées, mûries par dix années de réflexion.

UTOPIE, dira peut-être le lecteur, en jetant un coup d'œil distrait ou dédaigneux sur ces pages. — Quelle est donc l'innovation, heurtant l'esprit de routine, que n'ait accueillie cette banale fin de non-recevoir. Et pourtant la terre tourne; les applications de l'électricité, de la vapeur, de l'héliographie, de cent autres soi-disant utopies, ont été réalisées depuis le commencement de notre siècle, dont elles font la véritable gloire.

Une lecture bienveillante et attentive modifiera cette fâcheuse impression du premier moment.

Si l'ensemble du projet est rejeté, peut-être quelques-unes des idées émises seront-elles utiles, soit par leur application, soit en en faisant surgir d'autres. Mais l'idée principale n'est réalisable qu'avec le concours des moyens secondaires.

La France n'a point, en ce moment, à replâtrer, mais à réédifier; les plans de son édifice social peuvent, doivent être profondément modifiés.

Quel que soit d'ailleurs l'accueil réservé à notre projet, nul esprit sérieux, mettant de côté tout mauvais vouloir, toute opposition systématique ou préconçue, ne voudra dénier à son entier accomplissement, la réalisation des avantages suivants :

Régénération morale, physique, industrielle de la nation, par le travail, qui préservera la jeunesse de funestes habitudes et lui donnera : savoir, force, agilité, santé;

Accroissement : de la valeur territoriale; — de la richesse agricole et industrielle; — de la puissance maritime; — en un mot, de la fortune publique et de la fortune privée;

Réconciliation et union entre les membres des différentes classes de la société, qui s'apprécieront et sympathiseront d'autant mieux qu'ils auront partagé plus longtemps le même genre de vie, les mêmes labeurs;

Création : d'un premier capital important, pour tous les deshérités de la fortune; — d'une monnaie fiduciaire reposant sur une garantie incontestable, et devant parer amplement à toute disette de monnaie métallique; — d'une source féconde de revenus, dont une notable partie fournie par l'étranger, servira, dans un avenir prochain, à l'amortissement de la dette publique, à la réduction de l'impôt;

PRÉSERVATION DES INONDATIONS, qui viennent trop souvent désoler nos campagnes;

Fondation de cent villes de premier ordre, véritables centres industriels et entrepôts du commerce;

Avantages stratégiques et militaires, dont l'acquisition, loin d'être onéreuse, apportera une grande économie dans les dépenses des budgets de la guerre et des travaux publics;

Service important rendu à toutes les marines d'Europe.

Veuillez agréer, Messieurs les Députés, l'assurance du profond respect avec lequel j'ai l'honneur d'être,

Des hommes dévoués au bien du pays,

Le très-humble et très-obéissant serviteur,

A. Le Béalle.

Ingénieur Géographe,
23, Avenue d'Orléans.

Paris, 15 décembre 1871.

Ayant adressé un exemplaire manuscrit du projet dont l'envoi était précédé de la lettre ci-dessus, à l'Assemblée Nationale, sous forme de pétition, et à chacun de

Messieurs :

Le Président de la République,
Le Président de l'Assemblée Nationale,
Le Ministre de la Guerre,
Le Ministre des Travaux publics,
Le Ministre des Finances,
Le Ministre de l'Intérieur,

je n'ai été honoré que des réponses de M. le Président de la République et de M. le Ministre de la Guerre.

Ignorant quel sort est réservé à ce projet, j'ai cru devoir le publier, après lui avoir apporté quelques modifications de détail, en le faisant suivre, sous le titre de *Réformes*, des considérants qu'il contenait et auxquels j'ai ajouté l'exposé de plusieurs autres projets que je crois utiles.

Notre projet de transformation de la **monnaie de billion,** qui fait partie des *Réformes* que je propose (page 45), était annexé au **Projet de canalisation** adressé par nous le 15 décembre 1871, à l'Assemblée Nationale, à Messieurs les Présidents et Ministres.

Une Commission, composée de MM. Naquet, Féray, Morin, vient, dit le *Moniteur* du 25 mai 1872, d'être chargée de présenter à l'Assemblée Nationale un rapport sur le même sujet.

De qui émane le projet à examiner? — La Commission connaît-elle le nôtre ?

En 1867, lors de l'Exposition universelle, nous avions soumis ce même projet à la *Commission des monnaies* qui devait alors faire merveille, mais dont on n'a jamais connu aucune proposition. Ce premier envoi peut avoir été *égaré*, mais celui du 15 décembre 1871?

Pour que justice soit rendue à qui de droit, nous émettons la proposition suivante :

Tout projet présenté à l'Assemblée sera classé dans des archives, et son numéro d'ordre sera mentionné dans un accusé de réception; l'auteur, s'il le désire, recevra une copie légalisée de son projet, contre l'envoi préalable d'une somme de un franc par folio de copie.

Notre brochure était prête à paraître lorsque l'Assemblée Nationale a abordé la discussion du projet de loi militaire. Nous avons cru convenable d'attendre la fin de cette discussion pour lui faire voir le jour.

PROJET

DE

CANALISATION

DE

LA FRANCE

CHAPITRE Ier.

GRANDS CANAUX.

§ 1er. — Il sera créé un *canal maritime*, dit **Canal de France**, d'un seul bief et de grande navigation, entre la mer du Nord et la mer Méditerranée.

Partant du port de Dunkerque agrandi à l'ouest, il suivra le méridien de Paris, jusqu'à 3 kilomètres au nord de Saint-Denis, en passant près de Saint-Pol, coupant la Somme à l'est d'Amiens, et l'Oise au-dessous de Clermont-en-Beauvaisis ; — contournera Paris à l'est des forts de Rosny, Fontenay, Nogent ; — coupera la Marne et viendra former un vaste port, avec docks et chantiers de construction, dans la plaine à l'est de Choisy-le-Roi; — coupera Seine à l'ouest de Melun, et la Loire à l'est de Gien; — passera entre Bourges et Nevers; — suivra la vallée de l'Allier, dans laquelle il passera non loin de Moulins, Gannat, Riom, Thiers, Clermont-Ferrand, Ambert, Brioude, Le Puy; — coupera les Chavades, pour entrer dans la vallée du Gard, où il côtoiera L'Argentière, Alais, Uzès, Nîmes; — viendra déboucher dans la Camargue, où sera creusé un troisième port[1].

Ce canal, de près de 1000 kilomètres de longueur, aura 100 mètres de largeur, et 10 mètres de profondeur au-dessous du niveau des marées basses de la mer du Nord. — A l'extrémité septentrionale du canal, il sera établi un barrage mobile, avec portes-écluses, pour interdire, en temps opportun, l'entrée des marées hautes.

Deux routes seront établies à 15 mètres au-dessus du fond de la cuvette du canal, l'une de 20 mètres de largeur, sur la rive orientale, et l'autre de 10 mètres sur la rive occidentale; le canal pourra ainsi recevoir de grandes masses d'eau lors des crues fluviales.

§ 2. — Un *canal d'eau douce*, dit **Grand Latéral**, sera établi parallèlement et à 300 mètres de la rive orientale du Canal de France; il aura 25 mètres de largeur et 5 mètres de profondeur, dont 3 au-dessous du niveau moyen des cours d'eau qu'il traversera et qui l'alimenteront.

Une route de 30 mètres de largeur longera sa rive occidentale, et une voie ferrée de 15 mètres sa rive orientale.

La bande de terre de 250 mètres de largeur, comprise entre les deux routes internes des canaux, sera disposée

1. L'exécution du canal étant admise en principe, il pourra être apporté des modifications dans le tracé, notamment pour la partie septentrionale, dont l'estuaire de la Somme serait un point de départ très-favorable.

Les études du tracé seraient moins considérables pour ce projet que pour ceux de même nature, pour lesquels la question d'économie de terrain, de temps et d'argent est ordinairement trop prépondérante.

en rampe d'environ $0^{m}10$ par mètre, avec palier de 30 mètres au sommet, et constituera la colline orientale ou **Colline Industrielle**.

§ 3. — Des **déversoirs mobiles** seront pratiqués dans la berge occidentale du Canal Grand Latéral, pour établir des chutes d'eau qui, se rendant dans le Canal de France, serviront de moteurs à l'industrie.

Des **Écluses** établiront la navigation entre les deux canaux.

Les vannes des écluses et celles des déversoirs seront ouvertes aux premières menaces de crues surabondantes des cours d'eau traversés, pour prévenir les inondations.

PONTS, CANAUX SECONDAIRES, ETC.

§ 4. — Des **Ponts réglementaires** seront jetés sur le Canal de France, de myriamètre en myriamètre, l'axe de l'un d'eux, à l'est de Paris, coïncidant avec le parallèle passant par l'Observatoire de Paris. Ils seront composés de trois arches en plein cintre ; — celle du milieu, de 40 mètres d'ouverture, aura une hauteur d'environ 40 mètres sous clef au-dessus du fonds de la cuvette, et sera soutenue par des piles de 5 mètres d'épaisseur; — les deux arches latérales, de 30 mètres d'ouverture, et d'une hauteur de 35 mètres sous clef, donneront passage à deux chemins de halage de chacun 5 mètres de largeur.

Des **Ponts supplémentaires** seront construits aux abords de Paris et de deux ou trois autres villes.

Ces ponts serviront de viaducs pour les voies de terre et pour les voies ferrées, en même temps que d'aqueducs, pour le passage des cours d'eau coupés par les deux grands canaux.

Des **siphons** seront établis pour le passage des petits

cours d'eau interceptés et ne correspondant pas avec le passage des ponts; voire même pour créer de nouveaux cours d'eau reconnus utiles à l'ouest du Canal de France.

Lorsqu'une voie ferrée exigera un pont supplémentaire, il sera établi en conformité des autres ponts; la dépense en sera partagée entre l'État et la Compagnie du chemin de fer.

§ 5. — Les écluses, des **bassins de garage** et des **quais de débarquement** seront établis aux abords des ponts; — il sera ménagé sous la route aboutissant à la tête orientale d'un pont, et autour du quai de débarquement, des arcades destinées à servir d'entrepôts provisoires.

Des **phares** seront établis sous les arches du milieu des ponts, pour éclairer le Canal de France et ses deux routes latérales; tout navire en marche sera d'ailleurs tenu d'avoir un fanal à son avant et un à son arrière, par les temps sombres.

§ 6. — Tout un système de **canaux secondaires**, dont l'exécution aura lieu progressivement d'après un plan mûrement étudié, établira des communications entre les cours d'eau navigables et le Grand Latéral, à l'alimentation duquel ils concourront, conjointement avec les rivières dont il traversera le cours en l'amoindrissant, mais sans le supprimer. — Les niveaux seront régularisés par des barrages.

Un des premiers canaux secondaires à établir, tant en faveur de la navigation que contre les inondations, partira du Rhône, au sud de Lyon; coupera la Loire entre Saint-Étienne et Montbrison, et viendra réjoindre le Grand Latéral aux environs d'Ambert.

§ 7. — La régularisation des cours d'eau, préservés de crues surabondantes, permettra de conquérir sur leurs lits actuels, notamment sur celui de la Loire, à partir de son intersection avec le Grand Latéral, de vastes étendues de terrain dont bénéficiera l'agriculture.

Ces terrains ne seront d'ailleurs préservés des débordements que partiellement, et de manière à les laisser inonder progressivement, pour les fertiliser par le dépôt du limon des grandes eaux.

ACQUISITION TERRITORIALE.

§ 8. — Pour l'établissement des deux grands canaux, l'État fera l'acquisition d'une zone de **un kilomètre** de largeur sur tout le parcours désigné.

§ 9. — La largeur des deux canaux (125 *mètres*), de la colline industrielle (250 *mètres*), des trois routes et du chemin de fer qui les bordent (75 *mètres*), formant un total de 450 mètres, il restera à l'ouest du Canal de France une zone de 550 mètres de largeur, sur la lisière extérieure de laquelle sera prélevée une route de 15 mètres, la réduisant à 535 mètres.

Partie de cette zone sera disposée en pente vers le Canal de France; le surplus recevra les terres de déblais qui seront régalées de manière à continuer la rampe, puis à former une pente vers la route extérieure, ce qui constituera la colline occidentale ou **Colline Agricole**.

CHAPITRE II.

EXÉCUTION DES TRAVAUX.

§ 10. — Les travaux de canalisation, ainsi que tous ceux du ressort de l'administration des Ponts-et-Chaussées, seront exécutés par un corps d'ouvriers appelé **Corps du Génie** ou **Pionniers.**

Les pionniers seront mis à la disposition des agriculteurs quand besoin sera; la rémunération de leurs services reviendra en partie à l'État.

§ 11. — Tout Français fera partie du Corps du Génie, du jour ou il aura accompli sa dix-septième année, jusqu'au jour où il aura accompli sa vingtième. Il appartiendra à l'armée proprement dite ou armée active, de 20 à 22 ans; fera partie de la première réserve, de 22 à 25 ans, et de la seconde réserve, de 25 à 28 ans.

§ 12. — Par mesure transitoire, le service ne sera obligatoire : qu'à 19 ans, pendant l'année 1873; — à 18 ans, pendant l'année 1874; — enfin à 17 ans, âge réglementaire, à partir du 1er janvier 1875 (en admettant l'adoption immédiate du projet).

Tous. ayant cependant cinq années de service à faire,

pourront, dès leur dix-septième année accomplie, devancer l'appel pendant la période de transition.

§ 13. — Du jour où un jeune homme aura atteint l'âge requis, il se rendra à la mairie de la localité qu'il habitera. Il lui sera remis une feuille de route, pour se rendre à une *compagnie de recrutement*, et là, il sera initié progressivement aux travaux.

Il y aura au moins une compagnie de recrutement par brigade.

Le maire de la localité où sera délivrée la feuille de route en avisera le maire du lieu de naissance du nouvel enrôlé.

§ 14. — Les **infirmes,** s'ils ne sont reconnus incapables de tout service, seront employés dans les bureaux ou dans les ateliers (§ 24). La durée du service ne sera pour eux que de trois années, mais ils seront admis au réengagement (§ 19), si, à l'expiration de leur temps de service obligatoire, ils sont toujours dans les mêmes conditions d'aptitude au travail à eux confié, que lors de leur entrée au corps.

§ 15. — Les **enfants assistés,** les **orphelins** seront destinés à la marine. — L'État, dont ils sont les pupilles, leur fera donner une éducation en rapport avec leur avenir, dans des écoles de mousses. Ceux qui se distingueront par leur aptitude et leur bonne conduite, recevront une instruction supérieure qui leur permettra d'aspirer aux plus hauts grades, en les mettant à même de rendre d'éminents services à la France, leur véritable mère.

§ 16. — Le travail manuel étant nécessaire au développement des forces physiques, et l'instruction militaire étant obligatoire, les **exemptions** ne seront admises que pour la seconde période du service, ou service purement militaire.

Des exemptions seront toutefois accordées, pour la première période, aux fils aînés de veuves, ou de parents ne pouvant se passer de leurs soins; mais ils seront astreints, de 17 à 25 ans, aux exercices de la première réserve.

Les exemptés, ou les ascendants en faveur desquels auront lieu les exemptions, dont la fortune sera reconnue suffisante, verseront à l'État une somme de 2000 francs, par annuités de 400 francs, en compensation de leur dégrèvement du service.

La commune natale et l'État subviendront aux besoins des familles pendant l'absence de leurs soutiens retenus au service. (Pour **les exemptions partielles**, voir § 26.)

§ 17. — Un certain nombre de pionniers seront admis dans l'artillerie ou dans la cavalerie, comme récompense, et après examen satisfaisant, mais seulement après une année au moins de travail manuel.

§ 18. — Tout travail méritant **rémunération**, chaque pionnier, outre un prêt hebdomadaire de 1 fr. 50, recevra lors de sa libération du service, une prime de 500 francs pour le service complet, soit 100 francs par année. — Le taux de la solde et de la prime de libération sera fixé au prorata du grade.

En cas d'impossibilité de continuer le service, ou en cas de décès, la part de prime de libération, acquise par le temps de service accompli, sera soldée aux ayant droit.

Les primes de libération seront *incessibles* et *insaisissables.*

§ 19. — Les engagements volontaires ou les réengagements seront acceptés pour le service de pionnier ou pour les travaux d'atelier, tant que les réengagés pourront les remplir.

§ 20. — Les pionniers seront soumis au régime et à la discipline militaires. — Il leur sera accordé : une permission de jour, un dimanche sur deux ; une permission de nuit sur deux de jour; une permission de huit jours par année. — Les permissions pourront être cumulées.

§ 21. — Une partie du temps des pionniers sera consacrée aux exercices militaires ou gymnastiques, notamment à la natation ; une autre, à l'étude ou à des lectures instructives.

Les jeunes gens se destinant aux carrières libérales seront mis à même de ne voir interrompre leurs études que dans une certaine mesure.

Certains même, dont l'aptitude sera reconnue exceptionnelle, pourront être exonérés du service, mais seulement après une année passée aux travaux, et avec présence obligatoire aux exercices des réserves. — Cette faveur pourra être également accordée à ceux dont la présence au sein de la famille sera reconnue le plus urgente.

Une heure de repos suivra chaque repas, et ceux-ci seront échelonnés de manière à ne jamais priver les travaux de plus de moitié à la fois, des travailleurs.

En cas de travaux de nuit indispensables, des rations et une paie supplémentaires seront accordées aux travailleurs.

§ 22. — Pour les infractions à la discipline, il sera infligé : des retenues de prêt; — des privations de permission ; — des jours de service en plus du service obligatoire et privés de rémunération ; — du service dans des compagnies de discipline, chargées de l'exécution des travaux les plus désagréables, les plus pénibles ou les plus dangereux.

§ 23. — Des **Camps** seront établis aux extrémités occidentales des emplacements désignés pour la construction des ponts. — Des campements seront placés à 2500 mètres, l'un au nord, l'autre au sud du camp dont ils dépendront.

Les mutations entre les pionniers d'un camp et ceux de ses campements, ainsi qu'entre les camps eux-mêmes, s'effectueront périodiquement.

Le nombre d'hommes attribué à chaque camp sera relatif à l'importance des travaux à exécuter.

§ 24. — Les camps seront le siége d'**ateliers** de construction ou de réparation de machines et d'outils; de serrurerie, de charpente, de menuiserie, d'habillement; en un mot de confection de tout ce qui sera nécessaire à l'entretien des hommes et à l'exécution des travaux.

Ces camps seront l'origine de villes florissantes, comme lieu de transit des voyageurs et comme entrepôts de marchandises.

§ 25. — Les ouvriers ou apprentis valides ne seront reçus dans les ateliers qu'après une année de travail extérieur. Il sera dérogé à cette mesure jusqu'à ce que les ateliers soient constitués avec des ouvriers d'une capacité constatée, et pouvant subvenir aux besoins.

Les ouvriers qui se feront remarquer par leur habileté, pourront passer aux ateliers le temps de leur service dans l'armée active; les contre-maîtres sous-officiers et les chefs d'ateliers officiers, jouiront de la même prérogative.

Tout ouvrier ou apprenti, incapable ou indiscipliné, sera rendu, temporairement ou définitivement, aux travaux extérieurs.

Les aspirants aux ateliers y seront admis périodiquement pour s'exercer.

Ces ateliers seront d'ailleurs d'excellentes **Écoles d'Apprentissage** ou de perfectionnement pour ceux qui se destinent aux métiers et arts industriels.

§ 26. — Quant aux jeunes gens qui se destineront aux **carrières libérales** : l'enseignement, le sacerdoce, la peinture, etc., ils seront mis à même de suivre les cours qui leur seront nécessaires, et dispensés d'une partie du service. Des examens désigneront ceux qui seront appelés à jouir de cette faveur; ainsi que ceux qui pourront être exemptés du service militaire, pour toutes les carrières.

§ 27. — Les ouvriers des ateliers et employés valides des bureaux seront astreints aux exercices militaires et gymnastiques; tous le seront aux études; ils jouiront du prêt et de la prime de libération des pionniers.

Les contre-maîtres, chefs de bureaux ou d'ateliers, auront des grades militaires en rapport avec leurs fonctions.

ÉCOLES PRÉPARATOIRES.

§ 28. — Il sera établi des **Écoles spéciales** pour former des contre-maîtres sous-officiers, pour chacun des arts ou métiers relatifs aux divers travaux exécutés, soit par les pionniers, soit par les ouvriers des ateliers.

Les aspirants y seront admis, après examen, dès l'âge de 12 ans, soit comme élèves boursiers, demi-boursiers ou payants.

En dehors des élèves de ces écoles, tout entrant au corps sera soumis à un examen qui le fera classer pour les études et les promotions.

Les sous-officiers d'examen seront astreints aux travaux manuels pendant leur première année de service, dans des compagnies spéciales dites *compagnies de sous-officiers;* mais ils jouiront de suite des avantages et prérogatives de leurs grades.

CHAPITRE III.

ORGANISATION MILITAIRE.

§ 29. — Les pionniers seront *enrégimentés* comme la troupe de ligne, avec cadre de travail et cadre de guerre.

L'école du soldat devant être considérée comme faisant partie de la première instruction obligatoire, les pionniers de première année seront exercés à l'école de peloton et au tir; — ceux de seconde année, à l'école de bataillon; — ceux de troisième année, aux manœuvres d'ensemble; ils seront ensuite initiés aux exercices d'équitation et d'artillerie, de telle sorte que les corps d'artillerie et de cavalerie ne seront recrutés que parmi des sujets dotés d'une certaine instruction spéciale.

§ 30. — Le cadre de guerre des pionniers sera composé en totalité, sauf quelques rares exceptions, de sous-officiers, d'officiers et d'officiers supérieurs appartenant à l'armée.

§ 31. — Par suite des nombreuses exemptions qui auront lieu lors de l'achèvement du service de pionnier, l'armée ne sera composée que d'environ 200,000 hommes, plus 50,000 hommes de cadre et d'administration. Elle ne compterait donc que 250,000 hommes; mais ce chiffre atteindrait fréquemment 300,000, eu égard aux réengagements (§ 38), et à la sévérité que l'on pourrait apporter au besoin dans l'admission des cas d'exemption.

§ 32. — Les exemptés du service militaire (de 20 à 22 ans), auront à payer à l'État une somme de 800 fr., dans les mêmes conditions que les exemptés du service de pionniers (§ 16).

Il sera dérogé à cette mesure en faveur des sujets qui se seront distingués par des services rendus ou par une capacité hors ligne, pour quelque carrière que ce soit.

§ 33. — Les permutations entre pionniers et soldats ne seront admises qu'autant que chacun des permutants aura passé une année dans le service qu'il désirera abandonner. — Les pionniers pourront, sous cette condition, et suivant les besoins, être admis à passer dans l'armée, ou les hommes de l'armée à rentrer dans le corps des pionniers.

§ 34. — L'armée active sera partagée en deux moitiés qui seront réparties à tour de rôle et par semestres : l'une, en deux camps militaires, où s'exécuteront de grandes manœuvres ; l'autre, entre tous les camps de travail, où elle concourra à l'éducation des pionniers, tout en se perfectionnant elle-même.

§ 35. — Les hommes des réserves seront astreints à venir passer chacun un mois par année : ceux de la première réserve, aux camps de travail ; ceux de la seconde, aux camps militaires. Les époques de présence des réserves aux camps seront celles des manœuvres de printemps et d'automne, savoir : pour chaque réserve ceux de

PREMIÈRE ANNÉE, du 15 avril au 15 mai —
ou du 15 septembre au 15 octobre ;

DEUXIÈME ANNÉE, du 15 mai au 15 juin —
ou du 15 octobre au 15 novembre ;

TROISIÈME ANNÉE, du 15 juin au 15 juillet —
ou du 15 novembre au 15 décembre.

L'inscription pour les mois de présence aura lieu lors de la libération du service, de manière à avoir à peu près le même nombre d'hommes pour chaque série.

Les hommes de la réserve recevront un prêt hebdomadaire de 2 fr. pendant leur présence aux camps.

Ils conserveront leur équipement en tout temps, et devront le maintenir en bon état.

§ 36. — Chaque camp de travail, y compris ses deux campements, sera composé en moyenne de 8,000 pionniers et de 1,000 hommes de l'armée; cet effectif permettra d'exécuter des manœuvres d'une importance qui grandira lors du séjour des réserves.

§ 37. — Le maintien de l'ordre sera confié : dans les grandes villes, à des gardes municipales et à des gardes civiques (sergents de ville) ; dans les villes de second ordre et dans les campagnes, à un corps de gendarmerie.

Les hommes de ces trois corps seront choisis parmi ceux qui auront accompli le service obligatoire d'une manière satisfaisante, et de préférence parmi les anciens sous-officiers.

§ 38. — En cas de menace de guerre, l'appel sous les drapeaux aura lieu dans l'ordre suivant :

1° Armée active avec cadre.	250,000
2° Première réserve (de 22 à 25 ans). . .	650,000
3° Pionniers de 3e année (19 à 20 ans). . .	250,000
4° Seconde réserve (de 25 à 28 ans). . . .	600,000
5° Pionniers de 2e année (18 à 19 ans). . .	250,000
	2,000,000

Cette organisation permettrait de mettre rapidement sur pied, sans efforts, cet énorme effectif d'hommes exercés, jeunes, vigoureux, enrégimentés d'avance et pourvus de leur équipement, au moins en majeure partie.

La patrie en danger pourrait encore compter sur un nombre double de défenseurs de tout âge, ayant acquis dans leur jeunesse les connaissances militaires.

Les *réengagements* d'anciens soldats et de sous-officiers expérimentés, favorisés par un surcroît de prime annuelle et de prêt hebdomaire (soit 10, 15, 20 p. °/₀ en plus), offriront en tout temps de bons instructeurs et des cadres solides.

Tout appelé pendant la guerre pourra être maintenu sous les drapeaux deux années en plus du service obligatoire, soit de 28 à 30 ans.

ADMINISTRATION.

§ 39. — Tous les emplois dans les diverses administrations publiques seront donnés au concours, et d'après des certificats de libération du service de pionnier ou de soldat, constatant l'aptitude, la conduite et les services rendus.

Toutes facilités seront données pendant la dernière année de chaque service, pour que les candidats aient connaissance des fonctions à remplir, puissent se préparer et participer aux concours.

Les exemptés du service des pionniers, ainsi que les exemptés du service militaire, jouiront du droit de concours.

Un certain nombre d'emplois, dont l'énumération sera dressée ultérieurement, seront acquis de droit :

1° Par des états de service satisfaisants ;

2° Par 10 années de service ou par un certain nombre de campagnes ;

3° Par le fait même de l'obtention des grades, en suivant leur progression ;

4° Par les distinctions honorifiques.

CHAPITRE IV.

SYSTÈME FINANCIER.

§ 40. — Il sera créé une **Banque Nationale des Travaux Publics**. — Cette banque émettra des actions et des billets.

ACTIONS.

§ 41. — Les actions, toutes de 500 francs, émises au pair, seront de trois sortes : actions de fondation ; — actions territoriales ; — actions de prévoyance.

§ 42. — Les **Actions de Fondation**, dont le capital est fixé à *un milliard*, seront remises aux souscripteurs, contre un premier versement de 25 francs en espèces ; le surplus sera encaissé par à-compte trimestriels de pareille somme.

Le *numéraire* provenant de la souscription aux actions de fondation, sera affecté au payement des acquisitions faites à l'étranger, et servira de fonds de réserve ou de garantie entre les mains des souscripteurs.

Les versements par anticipation seront reçus ; mais tout encaissement sera suspendu lorsque l'État, n'en reconnaissant pas l'utilité momentanée, aura annoncé cette suspension trois mois à l'avance; au cas où il jugerait utile de supprimer les encaissements, et par suite de réduire la valeur des actions à la somme encaissée, l'avis en sera donné six mois à l'avance.

Ces actions donneront droit :

1° A un intérêt à 5 p. 0/0, des à-compte versés, à partir du jour de leur encaissement, payable du 15 au 31 décembre de chaque année, dans tous les bureaux de perception;

2° A un intérêt de 1 p. 0/0, pour les à-compte dont l'encaissement serait suspendu, jusqu'au jour de sa reprise ou de la suppression;

3° A une part de dividende dans les recettes; cette part égalera le 20e des recettes, ou au moins 2 p. 0/0 du capital versé, à répartir entre toutes les actions, au prorata des fonds versés pour chacune.

Ces actions ne seront remboursées, par voie de tirage, qu'après la liquidation des actions territoriales, au taux de leur plus-value établie d'après la moyenne des dividendes des cinq années précédentes.

Les actions remboursées continueront à participer au dividende, jusqu'au dernier tirage.

§ 43. — Les **Actions Territoriales** dont le capital est également fixé à *un milliard*, seront remises en payement des terrains acquis.

Elles porteront intérêt à 5 p. 0/0, à partir du jour de la vente, et seront remboursables au pair, par voie de tirage, avec prime, à partir de l'inauguration des deux grands canaux.

La valeur totale des primes de chaque tirage sera égale à 2 p. 0/0 du capital des actions, à répartir entre un certain nombre d'entre elles désignées par le tirage.

Le premier numéro sortant gagnera *un million*.

§ 44. — Les **Actions de Prévoyance**, essentiellement

nominatives, seront remises contre le versement de 500 francs en espèces, ou comme prime de libération de pareille somme, à celui auquel sa fortune personnelle rendra son encaissement momentanément superflu.

Ces actions, cessibles, mais insaisissables, ne seront remboursées, sauf le cas d'urgence dûment constaté, qu'avec les intérêts annuels accumulés, et après un laps de temps :

de	50 années, donnant droit à			6,000 fr.
ou	75	—	—	22,000
ou	100	—	—	75,000

En cas de cession ou de donation, notamment à des communes, le remboursement ne pourra avoir lieu avant l'époque fixée par l'acte de transfert, et dans ce cas, toute aliénation du titre sera nulle de plein droit.

Le capital des actions de prévoyance, estimé à *un milliard*, et destiné à parer aux éventualités calamiteuses, tout en donnant le goût de l'épargne, servira, si les circonstances n'en exigent pas l'emploi, à la conversion d'une partie de la dette publique. Dans tous les cas il ne devra point être une charge pour l'État, qui devra en opérer un placement avantageux.

BILLETS.

§ 45. — Les billets dits **Billets-Primes** seront émis au fur et à mesure des besoins, pour subvenir au payement :

des pionniers, des employés des bureaux, des ouvriers des ateliers, des membres de l'armée, etc.;

des acquisitions, faites en France, de machines et de matériaux ;

des intérêts d'actions, échus avant la première répartition du revenu.

Ils donneront droit à des primes attribuées par des tirages trimestriels.

§ 46. — Les billets-primes seront émis par séries de 100 billets divisionnaires, détachés d'une même souche de 1000 francs, dont ils porteront tous le numéro. Chaque série comprendra :

1	billet de	500	francs, ci . . .	500 fr.
1	—	100	—	100
2	—	50	—	100
4	—	20	—	80
7	—	10	—	70
10	—	5	—	50
25	—	2	—	50
50	—	1	—	50

Soit 100 billets d'une valeur totale de 1000 fr.

§ 47. — Les primes seront de dix, cent ou mille fois la valeur de chaque billet divisionnaire d'un même numéro désigné par le tirage.

Il y aura par tirage et par milliard de billets émis :

1	numéro gagnant	1000	fois sa valeur, soit	1,000,000 de fr.
10	—	100	—	1,000,000 —
50	—	10	—	500,000 —
61			Soit. . .	2,500,000 fr.

à répartir entre soixante et une séries de 100 billets chacune ou entre 6100 coupures, dont :

1	de 500 fr.	gagnant	500,000 fr.	ci 500,000
10	—	chacune	50,000	— 500,000
50	—	—	5,000	— 250,000
1	de 100 fr.	gagnant	100,000 fr.	— 100,000
10	—	—	10,000	— 100,000
50	—	—	1,000	— 50,000
122.	. . . . . *A reporter.*			1,500,000

Report : 122					1,500,000
2 de	50 fr. gagnant	50,000 fr.	ci		100,000
20	—	—	5,000	—	100,000
100	—	—	500	—	50,000
4 de	20 fr. gagnant	20,000 fr.	—		80,000
40	—	—	2,000	—	80,000
200	—	—	200	—	40,000
7 de	10 fr. gagnant	10,000 fr.	—		70,000
70	—	—	1,000	—	70,000
350	—	—	100	—	35,000
10 de	5 fr. gagnant	5,000 fr.	—		50,000
100	—	—	500	—	50,000
500	—	—	50	—	25,000
25 de	2 fr. gagnant	2,000 fr.	—		50,000
250	—	—	200	—	50,000
1250	—	—	20	—	25,000
50 de	1 fr. gagnant	1,000 fr.	—		50,000
500	—	—	100	—	50,000
2500	—	—	10	—	25,000
6100 coupures gagnant					2,500,000 fr.

Cette répartition de primes ayant lieu tous les trimestres, le total des primes d'une année sera de dix millions par milliard, soit un p. 0/0, et le total des gagnants de 24,400.

CHAPITRE V.

DÉPENSES, REVENUS.

§ 49. — Dépenses.

Acquisition du terrain : 1000 kilomètres carrés ou 100 000 hectares à 5,000 francs l'un	500 millions.
Ponts : Environ 100 ponts sur le Canal de France; ponts et tunnels pour le Grand-Latéral; écluses, garages, entrepôts : 5 millions de matériaux par ensemble.	500 —
Ports : Trois ports avec docks, chantiers de construction, quais, machines à mâter, etc. 50 millions par port.	150 —
Matériel général : Machines, locomobiles, dragues, pierres, métaux, bois pour campements et échafaudages.	500 —
	1,650 millions.

Sur cette somme, un milliard étant payé tant en actions territoriales qu'en espèces provenant des actions de fondation (500 millions par chaque nature d'actions[1]), reste à payer en billets. . . . . : 650,000,000

Déblais et remblais : Hauteur approximative de la fouille du Canal de France, 50 mètres en moyenne, sur une largeur de 100 mètres, soit un profil de 5,000 mètres carrés; pareil profil approximatif de 5,000 mètres carrés pour le Grand-Latéral et les deux collines; au total, 10,000 mètres de profil sur une longueur de 1,000 kilomètres ou d'un million de mètres; soit 10 milliards de mètres cubes à déplacer. — Le mètre cube pouvant coûter 0 fr. 50, eu égard au concours des machines. 5,000,000,000

Intérêt : Un milliard d'actions à 5 pour 100, soit 50 millions par an pendant 7 ans 1/2; plus intérêt à 1 pour 100 des fonds dont le versement serait suspendu ; enfin intérêts des intérêts 450,000,000

Intérêt de 1 pour 100 des billets émis progressivement pendant la durée des travaux. 200,000,000

A reporter. . . . 6,300,000,000

1. Le capital des actions a été porté au double de ce qui serait nécessaire, tant pour prévenir toute éventualité de nouvel appel de fonds que pour donner sécurité jusqu'à l'acceptation et même la recherche par le public des billets-primes. Il serait donc réduit aussitôt les acquisitions de terrain ou d'achats à l'étranger soldés. — Cette réduction de la valeur nominale des actions de fondation, ou du nombre des actions territoriales, augmenterait plutôt qu'elle ne diminuerait le crédit de l'opération.

Report. . . . 6,300,000,000

Dépenses supplémentaires. En admettant à la charge de l'opération 1,200,000 hommes, dont :

800,000 pionniers,
100,000 ouvriers aux ateliers,
100,000 cadre, administration,
200,000 armée active,

1,200,000 hommes.

à raison de 2 francs par jour, soit 7 milliards pour 8 années, il y aurait à porter en plus de la dépense inscrite aux déblais 2,000,000,000

Dépenses imprévues 700,000,000

Émission totale en billets. . . 9 milliards.
en actions. . . 1 —

10 milliards.

(Nous n'avons pas craint d'exagérer considérablement les dépenses, afin de prévenir toute objection.)

§ 50. Revenu.

Canaux, chemin de fer latéral. Droits de transit et de navigation pour voyageurs et colis. 100,000,000

Terrains : Location de 18,000 lots de terrain, ayant chacun 100 mètres de façade sur le Canal de France :

9,000 sur la *Colline Agricole*, d'une contenance de chacun 53,500 mètres carrés (535 sur 100) ;

9,000 sur la *Colline Industrielle*, d'une

A reporter. . . . 100,000,000

Report. . . .	100,000,000
contenance de chacun 25,000 mètres carrés (250 sur 100), ayant chacun une chute d'eau d'une hauteur d'environ 30 mètres, pouvant faire marcher de nombreuses turbines dans leurs parcours de 250 mètres, à 15,000 francs de location l'un.	270,000,000
100 kilomètres réservés aux têtes occidentales de ponts, pour l'établissement des camps; dont un quart affecté au passage du canal, des routes, cours d'eau, rues de ville en formation; reste 75 kilomètres dont la location estimée à.	60,000,000
	430 millions.

§ 51. Répartition.

Intérêt de 1 milliard actions, à 7 pour 100 .	70 millions.
Primes pour 9 milliards billets, à 1 pour 100.	90 —
Amortissement des actions.	150 —
Personnel, entretien, imprévu.	120 —
Total égal. . . .	430 millions.

. . . .

RÉSULTATS.

Nous n'avons pas à insister sur le produit présumé des deux canaux et du chemin de fer latéral; la question est trop nouvelle et trop haut placée pour être résolue dès l'abord. Nous croyons être bien au-dessous de la réalité dans l'appréciation du revenu sous ce rapport; voyons donc pour les terrains et les travaux.

§ 52. — *Terrains.* L'admirable situation des terrains, placés sur les deux collines dont l'exposition sera des plus favorables à la culture de la vigne et des arbres fruitiers, etc.; d'où la vue embrassera un splendide panorama, animé par le passage d'innombrables navires; où l'industrie trouvera des milliers de moteurs naturels, qui la dégrèveront des frais de combustible, dont la rareté s'accentue de jour en jour, et qui ne tardera pas à devenir insuffisant par suite de son énorme consommation : tous ces avantages, disons-nous, donneront immédiatement à ces terrains une plus-value qui croîtra d'année en année.

Il n'y a donc pas d'exagération à porter le prix du mètre carré à 10 francs, du jour où le terrain pourra être exploité, ce qui porterait la valeur de chaque lot de la *Colline Agricole* à 535,000 francs, et celui des lots de la *Colline Industrielle* à 250,000 francs, non compris la redevance à l'État pour prise d'eau.

Pas un manufacturier, pas un riche particulier qui n'ambitionne d'avoir: l'un son usine, l'autre sa maison de campagne, sur ces coteaux exceptionnels. D'un côté le travail de l'industrie, de l'autre les loisirs.

Le prix de location de chaque lot, fixé à 15 000 francs, est donc au-dessous plutôt qu'au-dessus de la valeur réelle.

§ 53. — Nous croyons donc qu'il serait avantageux de n'effectuer aucune vente avant 100 années. La location aurait lieu par périodes de 10 années, avec promesse de renouvellement ou de vente au taux de la plus-value progressivement acquise. Nous ne réclamons pas la stricte exécution de cette mesure pour les lots de la *Colline Industrielle,* afin d'encourager le développement de l'industrie, en facilitant l'établissement d'importantes manufactures.

Quel aspect admirable et grandiose offriraient ces 9 000 manufactures rangées en bataille pacifique, en face de ces 9000 habitations de plaisance qui sembleraient dire aux industriels : *hâtez-vous au travail pour mériter le repos.*

§ 54. — Quant aux terrains situés aux têtes de ponts, chacun d'un kilomètre carré, les camps en occuperont une partie pendant la durée des travaux; mais une notable portion pourrait en être aliénée dès le principe, pour jeter les fondements de villes, construites dès l'abord d'après des plans de voirie bien étudiés.

L'État aurait d'ailleurs tout intérêt à donner l'exemple, par l'établissement d'édifices publics et de maisons particulières destinées à l'installation des ateliers, des bureaux, au logement des ouvriers des fabriques, des officiers, et même d'un certain nombre de pionniers et de soldats. Il serait facile d'édifier pour ces derniers des casernes disposées de manière à être transformées plus tard en cités ouvrières.

La partie de ces terrains destinée aux constructions particulières pourrait être aliénée de suite, au moyen d'une location dont le prix serait calculé de manière à donner droit de propriété au locataire, après un certain laps de temps de location, soit vingt années, et basé sur un prix moyen de 30 francs le mètre carré.

Ce système de *location-vente* pourrait être appliqué aux terrains des collines, en basant le prix de location d'après un prix de vente primitif de 15 francs le mètre.

§ 55. — En admettant que la totalité des terrains soit vendue à raison de 15 francs le mètre seulement, le produit en serait supérieur au total des dépenses effectuées.

Et la France posséderait en plus :

trois grands ports de commerce et de guerre,
trois grandes routes }
une voie ferrée. . . . } de chacun 1000 kil. de longueur.
deux cannaux. . . . }

Nous n'avons pas fait entrer en ligne de compte des revenus la rémunération perçue pour travaux agricoles, l'économie apportée aux budgets de la Guerre et des Travaux Publics, pas plus que la valeur des vastes terrains à conquérir sur les lits actuels des cours d'eau; les résultats entrevus sont assez séduisants sans cela.

§ 56. — *Travaux.* Il serait affecté aux travaux environ: 700,000 pionniers à l'excavation et au terrassement, 100,000..... à l'exécution des ponts : soit 800,000 hommes qui, tout en travaillant à la prospérité du pays, seraient d'autant mieux préparés à sa défense qu'ils seraient disciplinés, exercés au métier des armes, robustes et endurcis à la fatigue.

Les 700,000 pionniers, aidés par de nombreuses et puissantes machines, pourraient déplacer 7 millions de mètres cubes par jour. Le travail de terrassement, pendant l'exécution duquel s'édifieraient les ponts, ne demanderait donc pas plus de cinq années. Eu égard aux difficultés qui peuvent surgir, à l'emploi des pionniers aux travaux agricoles ou à ceux des ponts et chaussées, nous avons demandé 8 années.

Les travaux des extrémités seraient poussés avec vigueur, de manière à pouvoir livrer successivement à la navigation les parties achevées des canaux qui transmettraient ainsi à la mer les eaux pouvant entraver les travaux.

§ 57. — *Organisation militaire.* Tout en préparant un contingent formidable pour l'attaque ou pour la défense, l'organisation que nous proposons ne fait consacrer exclusivement au service militaire que deux années e demie (exercices de la réserve compris), tout en faisant acquérir une éducation militaire complète, et en ne laissant pas oublier les connaissances acquises.

Ce serait donc une économie réelle d'au moins 2 années 1/2 d'un temps précieux, l'homme étant né pour travailler, non pour combattre. La perte du temps de 2 années 1/2, mettons 3 ans, est déjà lourde; mais elle est nécessaire, une forte défensive étant le meilleur préservatif contre toute attaque.

§ 58. — Quant aux **avantages stratégiques**, nous nous bornerons à dire que:

Si tous les Français avaient su manier la pioche, les travaux de défense se seraient exécutés de manière à arrêter la marche de l'ennemi, en 1870;

Si le Canal de France avait existé, nos corps d'armée, qui ont été écrasés en détail, auraient pu être concentrés en avant, et en cas de revers, en arrière de cette ligne infranchissable. Orléans, le Mans, Rouen, Paris, n'auraient pas été souillés par l'empreinte du pied teuton.

§ 59. — Dans 20 années au plus, la France dégagée de dettes autres que celle des billets-primes en circulation, percevrait un revenu qui serait de plus de 500 millions. Elle pourrait, en moins de 20 autres années, s'affranchir de cette dernière dette, et elle le ferait pour la moitié environ; mais pourquoi retirerait-elle totalement de la circulation une monnaie fiduciaire qui aurait promptement acquis une immense popularité, qu'elle devrait aux primes y afférentes, et à sa garantie bien autrement incontestable que celle de quelques lingots de métal enfouis dans une cave. Ce magnifique revenu serait bien plus utilement employé à l'amortissement de la dette publique et au dégrèvement de l'impôt.

§ 60. — *Lorsque les deux grands canaux seront terminés, à quoi servira l'institution des pionniers?* — Manquera-t-il donc d'autres canaux à établir? de cours d'eau à redresser, à creuser? de routes à percer, rectifier, aplanir? La France serait trop heureuse si, un tel travail, quelque considérable qu'il soit, mené à bonne fin, il ne restait plus rien à faire dans l'intérêt général.

Les Maures avaient rendu fertile l'Espagne, aride de nos jours, par les canaux dont ils l'avaient dotée et qu'une indolence insouciante a laissé disparaître ;

Rome fit pénétrer l'antique civilisation jusqu'au cœur des Gaules, par les admirables voies qu'ouvrirent les pioches de ses soldats, bien mieux que par le tranchant de leurs glaives.

La civilisation moderne demande mieux : a-t-elle aussi bien ?

§ 61. — *Une heure par jour du travail de tous, pendant une année, enrichit la France d'un milliard* (Pouyer-Quertier).

Ces paroles, qui devraient être la devise patriotique de tous les ateliers, sont pour nous d'un favorable augure.

Les 800,000 pionniers, tout en apprenant l'art militaire et en s'instruisant, consacreraient au travail sept à huit heures par jour, au lieu de les passer dans l'oisiveté à la caserne..... ou ailleurs. Serait-ce donc trop que de doubler le milliard en faveur de leur œuvre toute patriotique, eu égard surtout aux avantages qu'elle procurerait et que nous avons énoncés. A ce compte, donc, la France s'enrichirait de *deux milliards* par année.

Nous avons exposé notre projet, ses moyens d'exécution, ses principaux résultats à venir.

Que Dieu et les hommes de bien favorisent son accomplissement !

A. Le Béalle.

RÉFORMES.

Celui qui poursuit le progrès dans le domaine de l'économie sociale, ressemble au voyageur qui met le pied dans un torrent, pour y puiser le breuvage indispensable à ses compagnons de route. Que le louable désir de leur rapporter une eau plus limpide l'éloigne du bord, il s'expose à se voir entraîner par le courant, à disparaître dans l'eau profonde ou dans la fange.

C'est ainsi qu'en ne voulant m'occuper que d'un projet d'utilité publique, je me sens attiré à la recherche des moyens de le réaliser : ils se présentent nombreux, et accompagnés d'un cortége de réformes. J'ai mis le pied dans le torrent, le courant m'entraîne : — A la garde de Dieu !

Toutefois, je n'ai pas l'intention d'entreprendre un cours d'économie politique, je ne veux qu'exposer un certain nombre de réformes, sans cohésion entre elles, mais qui me semblent utiles.

Peut-être m'objectera-t-on que je *centralise* au lieu de *décentraliser*, que j'augmente l'influence déjà grande du Gouvernement, en lui confiant le monopole des chemins de fer, des assurances, etc.; que les réformes proposées sont trop radicales.

A cela je répondrai :

La décentralisation signifie pour moi désorganisation, désarticulation, dissolution du corps social; je n'en veux donc pas.

L'État étant l'administrateur financier, le caissier de la nation, en même temps que son administrateur politique, doit tenir en ses mains, gérer tous les services d'intérêt général ; à l'Assemblée Nationale de contrôler sa gestion.

Les simulacres de réformes ne sont plus de saison ; je l'ai dit et je le répète : réédifions, ne replâtrons pas.

Quand donc aurons-nous un gouvernement assez fort, assez patriote surtout, pour mettre courageusement la main à l'œuvre de la régénération sociale?

Droits et Devoirs.

§ 1er. — Tout citoyen doit concourir à la prospérité comme à la défense de son pays. A mon sens, il doit être dans l'obligation de participer aux travaux nationaux, tant dans son propre intérêt que dans l'intérêt public : c'est la prestation en nature, exigible de tous, comme doit l'être l'instruction, qui fait connaître le droit et le devoir ; comme doit l'être aussi l'éducation militaire, qui rend apte à acquitter l'impôt du sang ; c'est, en un mot, le concours de chacun à la prospérité de tous.

La durée de ce service, qui serait d'ailleurs compté en déduction du service militaire, lequel s'étendrait jusqu'à vingt-deux ans, serait de trois années, de dix-sept à vingt ans. C'est pendant cette période de la vie que la jeunesse se transforme ; elle a besoin alors, non d'être claquemurée dans une salle d'étude enfumée, pour s'y étioler en feuilletant des livres, dont son imagination et son inexpérience lui font interpréter trop souvent les pensées de manière à fausser son jugement, mais de se livrer, au grand air, à des exercices qui fortifient et assouplissent ses membres, mâtent par la fatigue la fougue de ses passions naissantes, utilisent son exubérance de vie.

§ 2. — Une instruction, même avancée, peut s'acquérir avant l'âge de dix-sept ans; le champ de l'intelligence n'a plus besoin alors, pendant un certain temps, que d'une culture légère, mais continue, pour voir la précieuse semence qu'il a reçue mûrir au soleil du raisonnement. Deux heures par jour consacrées à l'étude pendant la durée du service obligatoire, suffiraient amplement à cette culture.

Ce n'est qu'après cette première fructification, lentement, mais sûrement obtenue, qu'il est avantageux d'aborder l'instruction supérieure, nécessaire à l'exercice des professions libérales. C'est d'ailleurs pendant ce demi-repos que la réflexion permettra de faire le choix d'une carrière convenablement appropriée aux goûts et aux facultés.

Quant à l'apprentissage pour un métier quelconque, il pourrait s'ébaucher pendant la durée du service et se terminer très-rapidement aussitôt après la libération ; de cette manière, l'apprenti, devenu ouvrier, ne verrait pas interrompre sa carrière par le service obligatoire, pendant lequel il contracte trop souvent de funestes habitudes. — (Pour les arts libéraux, voir page 14, § 26).

§ 3. — Une rémunération (100 francs par année de service, non compris le prêt de 1 fr. 50 c. par semaine, sans retenue aucune) serait affectée à l'accomplissement des travaux nationaux, et fournirait à chacun un premier capital dont l'absence entrave souvent les débuts et les succès dans la carrière à parcourir. Cet avantage ne nous semble pas à dédaigner.

Les *infirmes* doivent, dans la mesure de leurs moyens, se rendre utiles à la nation tout aussi bien que les hommes valides; par contre, l'État leur doit les mêmes avantages acquis par leur labeur; pourquoi ne seraient-ils pas employés dans les bureaux ou dans les ateliers sédentaires attachés à l'armée des travailleurs, suivant leurs aptitudes?

Les *enfants assistés*, les *orphelins* sans protecteurs, que ne réclame pas le foyer de la famille, entrant sans guide, sans appui dans la société, dont ils sont parfois mal accueillis, dévient trop souvent du droit chemin : ils seraient destinés à la marine.

En cas d'insuccès dans ses entreprises, l'homme valide, l'infirme lui-même, aurait toujours la ressource de rentrer aux travaux nationaux. La fainéantise n'aurait plus à se dissimuler derrière cette déplorable excuse : *je n'ai pas d'emploi; je suis sans ouvrage.*

Les ateliers nationaux de 1848 étaient une grande idée, détestablement mise en pratique.

§ 4. — Des **maisons de retraite**, fondées dans le voisinage de chaque ville de quelque importance, accueilleraient les vieillards, les impotents, en un mot, les invalides civils.

La bienfaisance, qui trop souvent s'égare et encourage la paresse, aurait alors lieu de s'exercer en toute sécurité, en contribuant à l'accroissement du confortable dans ces asiles.

Des terres d'une certaine étendue, que posséderaient ces établissements, seraient cultivées par ceux de leurs pensionnaires qui en seraient capables, et pourvoiraient à la majeure partie de la consommation alimentaire.

D'autres pensionnaires utiliseraient les forces qui leur restent, dans des ateliers où se confectionneraient les objets nécessaires à l'habillement, au matériel.

La rémunération de ces travaux augmenterait le bien-être de ceux qui les accompliraient.

Des pensionnaires payants, ainsi que des retraités, dont les moyens d'existence seraient insuffisants dans d'autres conditions, seraient admis à jouir de certaines prérogatives, et contribueraient encore au bien-être de tous.

La **mendicité**, cette plaie hideuse de la société, n'aurait plus de raison d'être, et disparaîtrait à jamais.

§ 5. — Les **hospices** des grandes villes seraient annexés aux maisons de retraite; les convalescents y respireraient un air pur au lieu de l'atmosphère plus ou moins viciée des villes.

A ce propos, pourquoi ne pas placer l'Hôtel-Dieu de Paris aux environs de la grande ville? Pourquoi avoir réédifié l'hospice Sainte-Anne dans le quartier de la Glacière, dont il ruine les espérances d'avenir; ne vaudrait-il pas mieux le voir annexé au magnifique établissement de Bicêtre, autour duquel la place ne manque pas.

Il suffirait dans Paris, comme dans les villes principales, d'hôpitaux de peu d'importance, mais nombreux, pour les cas accidentels ou urgents. — A chacun de ces hôpitaux serait attaché un poste médical, toujours prêt à porter secours, à donner ses soins à tous les habitants de la circonscription qui les réclameraient. Je dis donner, dans la véritable acception du mot, et non pas comme on dit : donner, prodiguer des secours.... à raison de 2 à 100 francs par visite.

Ce serait pendant un stage obligatoire à ces postes d'honneur de l'humanité, que les jeunes médecins acquerraient la science pratique en même temps que les prémices de leur réputation.

Législation.

§ 6. — Les **prisons** sont au premier rang des établissements qui attristent et déshonorent Paris, dont ils occupent des terrains d'une grande valeur, tout en dépréciant ceux qui les avoisinent. Pourquoi ne les transférerait-on pas dans certains forts, qui ne sont bons qu'à cet usage, où la surveillance serait plus facile et moins onéreuse, dont les portes ne s'ouvriraient pas au premier souffle d'une émotion populaire, pour vomir la lie de la société?

Les prisons des grandes villes ne devraient contenir que des prévenus ou des condamnés à des peines de peu de durée.

Les détenus politiques seraient éloignés des centres d'agitation.

Les condamnés à un an et plus seraient envoyés dans des maisons centrales, où ils confectionneraient des objets d'habillement et d'équipement pour l'armée des travailleurs nationaux, comme pour l'armée proprement dite, au lieu d'articles qui, exécutés à vil prix, viennent faire une concurrence déloyale aux produits des ouvriers honnêtes. — Certains forts, ceux par exemple d'Issy, de Vanves ou de Montrouge, pourraient recevoir cette destination.

Les vagabonds récidivistes, les voleurs de profession, les femmes de mauvaises mœurs seraient déportés.

Les grands criminels, actuellement condamnés au bagne ou à mort, seraient condamnés aux travaux dangereux des mines ; au lieu d'être un sujet de dépense énorme, ils seraient contraints à rendre des services productifs à la société. Les honnêtes gens ne manqueraient pas d'ouvrage au grand air, et ne seraient plus exposés à ces accidents désastreux qui viennent chaque jour étendre un voile de deuil sur des familles honorables.

La société, au lieu d'imiter les assassins par l'application de la peine de mort, utiliserait ces misérables eux-mêmes.

La perspective d'une condamnation aux travaux des mines, serait un frein bien autrement puissant que la crainte du bagne ou de la déportation, et, j'ose le dire, de la mort même.

§ 7. — A ces réformes en matière criminelle pourraient s'en ajouter d'autres en matière civile ou correctionnelle.

En premier lieu, viendrait la réduction des frais judiciaires et la révision de leur application.

En second lieu, je proposerais la création dans chaque commune d'un *tribunal de famille*, exempt de frais, composé de 6, de 9, de 12, de 15, de 18 membres, suivant l'importance de la population, et siégeant au nombre de 3, en une ou plusieurs chambres, à tour de rôle. Ces juges paternels habitants de la commune, jugeraient en parfaite connaissance de cause, non d'après le texte précis de la loi, mais d'après leur conscience. Ils seraient élus par tiers chaque année, par les contribuables payant au moins 10 francs d'impôts. — L'appel aurait lieu au tribunal de famille du chef-lieu de canton, devant lequel l'un des premiers juges viendrait défendre le bien jugé; cet appel serait également sans frais; mais l'appelant serait passible d'une amende en cas de confirmation de la première sentence; il pourrait ensuite en appeler au tribunal de première instance, et dès lors la juridiction reprendrait son cours habituel.

Assurances.

§ 8. — L'État, en préservant des inondations, par des travaux de canalisation (voir le projet, page 7), acquerrait un droit à des primes d'assurances sur les propriétés exposées à leurs ravages. Ne devrait-il pas, d'ailleurs, percevoir des droits d'une assurance mutuelle obligatoire contre tous les fléaux, aussi bien contre le feu que contre l'eau, la grêle, la foudre, la gelée, la tempête? Pourquoi laisser les immenses ressources que fournissent les assurances à des compagnies dont elles enrichissent les administrateurs au détriment des administrés, qu'elles grèvent outre mesure.

N'est-il pas déplorable de voir passer, sans transition, de la fortune acquise par le travail à une misère imméritée, les victimes de désastres contre lesquels la prévoyance humaine est impuissante? N'est-il pas honteux pour la civilisation d'infliger à ces infortunés le rôle de mendiants? car les souscriptions ne sont que des aumônes déguisées, inspirées quelquefois par une ostentation vaniteuse, souvent mal réparties, toujours insuffisantes.

La société doit garantir la propriété individuelle contre tous les fléaux qui la menacent.

Chemins de fer.

§ 9. — Il en est des chemins de fer comme des assurances; toutes les lignes de ce service d'utilité publique devraient appartenir à l'État, qui payerait les actionnaires avec une répartition uniforme pour toutes les lignes, ce qui serait équitable; les services rendus étant les mêmes ne doivent pas enrichir d'un côté, ruiner de l'autre.

Les tarifs pourraient être abaissés, par suite de la suppression des nombreux conseils d'administration. Les places d'inspecteurs officiels, ces sinécures si grassement rétribuées et dues au favoritisme, seraient supprimées. On ne verrait plus de ces fortunes scandaleuses se réaliser au détriment des masses.

Certes, celui qui risque doit bénéficier; mais il y a des limites; celui qui invente doit être le premier à profiter de son invention, mais un brevet ne doit pas entraver le progrès.

L'État, en récompensant Daguerre et en mettant son admirable découverte dans le domaine public, a fait un acte d'intelligent patriotisme. Pourquoi n'en ferait-il pas de même pour toutes les inventions utiles?

Ne quittons pas les chemins de fer sans signaler un grave inconvénient. Certaines lignes, Sceaux, Versailles rive gauche, etc , ont sur les boulevards de ceinture des passages à niveau qui présentent à la circulation des obstacles et des dangers; ne serait-il pas opportun de les faire passer souterrainement? Je citerai encore, sur la ligne d'Orléans, le passage à niveau de Choisy-le-Roi, qui sépare la principale rue, du pont et de la belle avenue qui lui fait suite, entrave la prospérité de cette charmante ville, sans compter les accidents mortels qui s'y renouvellent presque annuellement.

Impôts.

§ 10.—La société doit garantir la propriété à celui qui l'a légitimement acquise, comme à ceux auxquels l'acquéreur la transmet; c'est son premier devoir, sans l'accomplissement duquel elle serait un dissolvant des liens de la famille, au lieu d'être le trait d'union entre toutes les familles qui constituent la nation.

Il est essentiellement juste que celui qui sème, récolte; que celui qui épargne puisse laisser à sa famille le dernier témoignage de son affectueuse sollicitude; mais ce qui est injuste et contraire aux droits de la société, c'est qu'une fortune, tant bien acquise soit-elle, se transmette intégralement; qu'elle serve sans s'user, sans s'amoindrir; qu'elle impose à la société la charge de subvenir à perpétuité aux besoins, aux jouissances de toute une famille vivant dans l'opulence et les bras croisés.

La société a coopéré à l'acquisition, à la conservation de toute fortune particulière; l'État qui la représente, doit figurer au partage, à la transmission; il y intervient déjà, mais pour prendre trop ou trop peu.

§ 11. — Les impôts de toute nature qui frappent un même objet sous tant de formes, doublent au moins son prix d'acquisition. Malgré leur travail et leur économie, l'artisan, l'employé parviennent à grand'peine à joindre les deux bouts, si tant est qu'ils ne s'obèrent pas. *Sans l'impôt* ils vivraient dans l'aisance, et laisseraient presque toujours à leurs enfants un certain avoir; *avec l'impôt*, les fils respectueux héritent trop souvent de dettes à payer, s'ils veulent conserver intact l'honneur du nom paternel.

Quel droit a donc l'impôt d'être un obstacle au bien-être de la majeure partie d'un peuple? Ne doit-il pas être simplement une recette effectuée par la société, pour rémunérer les services qui lui sont rendus. Ceux-là doivent les payer qui profitent surtout de ces services, et en première ligne, viennent les héritiers de ceux dont elle a protégé les efforts et auxquels elle a garanti la jouissance du fruit de leurs peines.

La principale ressource de l'État devrait donc provenir de ses droits sur les successions, taxés progressivement :

1° D'après le montant de la part afférente à chaque héritier;

2° D'après le degré de parenté.

Cette taxe pourrait être basée de la manière suivante pour un héritage paternel :

1 p. 100,	au-dessous	de 10 000 fr.
2 —	—	de 10 000 à 20 000
3 —	—	de 20 000 à 30 000....
10 —	—	de 100 000 à 200 000
11 —	—	de 200 000 à 300 000....
20 —	au-dessus	de un million.

5 p. 100 en plus par chaque degré de parenté plus éloigné, jusqu'à 50 p. 100 La moyenne pourrait être estimée à 20 p. 100. Cette taxe d'ailleurs pourrait être mobile, augmentée ou diminuée d'après les besoins.

Cet impôt unique, lors même qu'il s'élèverait à 50 p. 100 de l'avoir transmis, serait juste ; car celui qui laisse, tout en payant les impôts multiples actuellement perçus, laisserait plus du double s'il n'en payait pas, et au moins il aurait eu la jouissance pleine et entière de son avoir.

Il serait plus juste que tout autre, sans être plus vexatoire et plus inquisitorial, car tous sont entachés de ce double inconvénient au suprême degré.

Les héritiers qui le désireraient resteraient en possession de la totalité des biens immeubles, sauf à eux à payer l'intérêt à 5 p. 100 de la part afférente à l'État.

§ 12. — Les autres ressources de l'État proviendraient :

1° Des assurances obligatoires;

2° Des revenus des postes, canaux, chemins de fer;

3° Des droits de chasse et de pêche;

4° Des revenus des domaines de l'État;

5° Des amendes judiciaires.

6° Des droits électoraux, fixés à une redevance de 0 fr. 50 par carte électorale; des actes de l'état civil.

La propriété foncière dépasse en France 150 milliards; la propriété mobilière peut être hardiment évaluée à la même somme; soit donc un total de 300 milliards.

La production annuelle est estimée à 12 milliards dont 8 fournis par l'agriculture. L'impôt absorbe 2 milliards par an; la dette publique étant de 14 milliards, concourt pour 700 millions à cette énorme dépense. Nous avons la conviction que ce formidable budget décroîtrait rapidement et avec lui la redevance des héritages.

En admettant une existence moyenne de 50 ans, 6 milliards environ sont donc transmis chaque année par héritage. La taxe sur ces héritages, estimée en moyenne à 20 p. 100, produirait 1200 millions; les autres 800 millions seraient facilement fournis par les autres revenus.

§ 13. — Les dépenses de l'État seraient grandement amoindries :

1° Par la suppression de la majeure partie des employés du fisc;

2° Par la réduction de l'effectif de l'armée proprement dite;

3° Par l'amortissement de la dette publique.

La production agricole et industrielle augmenterait :

1° En raison du grand nombre de bras qui lui seraient rendus;

2° Par suite du dégrèvement de l'impôt, qui mettrait un terme à bien des privations;

3° Par l'anéantissement de la concurrence extérieure,

dont la production ne pourrait lutter contre le bon marché de la nôtre, dégrevée d'impôt ;

4° Par l'affluence des étrangers, qui trouveraient en France une existence confortable, à un prix bien moindre que partout ailleurs ;

5° Par l'accroissement de l'exportation ;

6° Par l'ardeur que chacun apporterait à un travail dont le salaire serait suffisamment rémunérateur.

L'esprit de révolte et de convoitise, engendré par la gêne et la misère, disparaîtrait devant le bien-être qui dispose l'homme à être bon et conciliant.

Les impôts actuels étant supprimés rendraient au travail producteur une grande partie de la formidable armée des employés du fisc. Et qu'on ne vienne pas dire que le travail manquerait à ces milliers de bras ; ce serait contredire cet axiome social : Une nation est d'autant plus florissante qu'elle est plus nombreuse.

MONNAIE.

§ 14. — Les coupures ou *billets-monnaie*, dont l'utilité se fait si impérieusement sentir en ce moment, et dont l'usage une fois vulgarisé se perpétuera probablement, ne peuvent remplacer la monnaie de *billon.*

Cette dernière pourrait, à la rigueur, obvier à la pénurie de monnaie d'argent, si elle n'avait les inconvénients de son poids, de son volume, de sa malpropreté. Il serait facile de remédier à ces défauts si graves de nos jours, en substituant au bronze actuel, le **bronze d'aluminium**, ou encore l'alliage employé dans l'Amérique Centrale :

0,5 nickel, — 0,3 cuivre, — 0,2 zinc.

Cette modification s'harmoniserait parfaitement avec

une simplification de notre système monétaire que nous croyons utile d'exposer ici.

§ 15. — Il n'y aurait plus que trois unités décimales monétaires : le *décime*, le *franc*, le *décafranc*, ayant chacun son double et son demi en même métal, en tout neuf pièces.

BRONZE.	fr.	ARGENT.	fr.	OR.	fr.
Demi-décime. .	0,05.	Demi-franc.	0,50.	Demi-ducat. .	5.
Décime.	0,10.	**Franc** . . .	1,00.	**Ducat.**	10.
Double décime.	0,20.	Double-fr..	2,00.	Double ducat.	20.

La dénomination de *ducat* appliquée à la pièce de 10 francs, se rapprochant du nom fourni par le système métrique, décafranc, prendrait facilement sa place dans le langage usuel, et contribuerait à faire disparaître totalement les expressions de *pistole*, *louis*, *napoléon*, qui ne font que jeter la confusion dans l'esprit des étrangers, voire même dans celui de bien des nationaux.

§ 16. — La *monnaie de bronze* ne porterait d'autre empreinte que celle, en gros caractères, des chiffres 1/2, 1, 2, au-dessus du mot décime, avec exergue, et cela sur les deux faces;

La *monnaie d'argent* porterait l'énoncé de sa valeur en toutes lettres : demi, un, deux, au-dessus du mot franc, entouré d'une couronne de chêne et de l'exergue.

La *monnaie d'or* porterait l'énoncé de sa valeur en toutes lettres, à la partie inférieure de l'exergue; cette valeur serait réinscrite par les chiffres 1/2, 1, 2, et la lettre D, placés, les uns à gauche, l'autre à droite d'une effigie, qui pourrait être celle du phénix : car la France renaît de ses cendres.

§ 17. — Le *diamètre* serait le même :

Pour les 3 pièces de demi, soit 0^{m},016, ou 2 millimètres en moins de la pièce actuelle de 0,50 c.;

Pour les 3 pièces d'unité, soit 0^{m},020, ou 1 millimètre en plus de la pièce actuelle de 10 fr.

Pour les 3 pièces doubles, soit 0^{m},024, ou 1 millimètre en plus de la pièce actuelle de 1 fr.

La pièce de demi-ducat (5 francs) recevrait 150 millièmes d'alliage au lieu de 100, afin de la rendre plus épaisse, quoique encore loin du demi-franc et du demi-décime.

La pièce de 5 fr. et celle de 0,20 c. en argent seraient supprimées : l'une comme trop grosse, l'autre comme trop petite ; les deux comme faisant double emploi.

Les pièces de 1 et de 2 centimes, de 50 et de 100 francs disparaîtraient aussi comme inutiles.

§ 18. — La confusion entre les pièces de même dimension, mais de valeurs et de métaux différents, serait rendue impossible par : l'*épaisseur*, plus considérable pour le bronze, à diamètre égal ; le *poids*, plus considérable pour l'or en comparaison du volume ; la *dissemblance* des empreintes, la *couleur*.

§ 19. — Il serait proposé, à toute nation amie, de frapper de part et d'autre une même quantité de monnaie portant : d'un côté, l'empreinte Française, de l'autre, l'empreinte adoptée par cette nation. L'adoption de cette mesure qui supprimerait les ennuis, les pertes de temps et d'argent du change, serait un premier pas vers l'adoption à l'étranger du système métrique.

Dénominations géographiques.

§ 20. — Lorsque l'on ouvre le dictionnaire des communes, on est étrangement surpris de trouver un même nom donné à 150, à 200 localités et même davantage ; bien plus, il arrive que deux, que trois,... que six communes d'un département portent le même nom ; des *Villefranche*, des *Villeneuve*, des *St-Martin*, etc. Parfois, il est vrai, il y a un surnom, mais que l'on néglige souvent d'ajouter.

Il serait facile, je crois, de remédier à cet état de choses qui présente de graves inconvénients, notamment pour la poste ; il suffirait d'inviter les conseils municipaux à choisir pour leur commune le nom d'un homme ayant rendu quelque service soit à la nation, soit à la localité dont il est originaire. Ce nouveau nom serait ajouté au nom actuel, pendant une période de cinq années (d'un dénombrement à un autre), à l'expiration desquelles le nom primitif serait supprimé.

Un bureau du ministère de l'intérieur serait spécialement chargé du travail d'ensemble de ces modifications qui pourraient être effectuées en moins d'une année.

§ 21. — Il serait également convenable de changer le nom du *département du Var*, dont pas une parcelle du territoire n'est actuellement arrosée par ce fleuve ; il pourrait s'appeler l'*Argens*, nom de son principal cours d'eau qui y prend sa source, l'arrose dans toute sa largeur et y a son embouchure.

ÉDILITÉ PARISIENNE.

§ 22. — Je ne m'appesantirai pas sur les questions d'édilité parisienne, mais je crois devoir en signaler quelques-unes que je me réserve de développer plus tard.

La question des **cimetières** est une des plus graves et des plus urgentes à résoudre. Pourquoi ne choisirait-on pas le plateau de Châtillon pour y établir la nécropole de la capitale et des localités voisines : Châtillon, Fontenay-aux-Roses, Clamart, Meudon? Son étendue est vaste ; son altitude considérable favoriserait la prompte déperdition dans l'air des émanations putrides. Un chemin de fer partant de l'avenue du Maine, d'un parcours d'environ 4 kilomètres, y conduirait en quelques minutes.

Un vaste temple pourrait plus tard être édifié sur l'emplacement de la redoute, de si funèbre mémoire. La crémation y serait effectuée, si elle parvenait un jour à vaincre les antipathies qu'elle excite aujourd'hui, et dont je ne m'explique pas la cause. Que n'essaye-t-on de faire revivre cette vieille coutume, par cette simple loi : le corps de tout défunt sera brûlé, si cet acte n'est pas contraire à ses dernières volontés, ou s'il n'y a pas d'opposition de la part de sa famille?

§ 23. — Un **boulevard**, partant du Pont-Royal, conduirait également au plateau de Châtillon; le Pont-Royal serait réédifié au-dessous de son emplacement actuel, dans l'alignement de l'allée du jardin qui longe les Tuileries, et qui, convertie en boulevard, serait prolongée à l'est de Saint-Roch jusqu'à la future rue du Théâtre-Français.

Je n'ai pas besoin de démontrer l'utilité de ces deux grandes voies qui mettraient en communication directe le centre du faubourg Saint-Germain avec le centre des affaires; mais ce que je désire signaler, c'est que cette vaste entreprise pourrait être productive pour la ville au lieu de lui être onéreuse.

Les travaux seraient concédés à une compagnie financière qui ferait édifier les maisons bordant le boulevard de la rive gauche. Les terrains seraient d'une acquisition peu coûteuse, et la plus-value qu'ils acquerraient appartiendrait à la ville, pour un dixième, pendant 100 ans. Au besoin, la ville pourrait se charger de cette opération, à l'aide d'une souscription d'obligations qui serait promptement couverte, eu égard aux bénéfices considérables qu'elle donnerait à espérer.

§ 24. — Au nombre des voies péchant par leur exiguïté sont les quais qui s'étendent du pont des Arts au pont de l'Archevêché. Cet inconvénient disparaîtrait en recouvrant d'une voûte le bras canalisé de la Seine.

Un inconvénient bien autrement grave, c'est la formation irrégulière de certains **nouveaux quartiers**. Une bicoque apparaît d'abord, comme dans le quartier de Plaisance, il y a 30 ans à peine; d'autres constructions viennent bientôt se grouper autour, laissant des voies de circulation d'une fantaisie incroyable. Enfin s'élèvent de véritables édifices, mais astreints alors à un reculement considérable, et qui ne formeront plus de renfoncements que dans de nombreuses années. Il serait si facile, ce me semble, de prévenir ce tohu-bohu de bâtisses par l'étude et l'adoption d'un plan d'ensemble.

§ 25. — Si je demande la création de larges voies, promettant de grands avantages à la circulation, en revanche je proposerai la réduction de celles qui sont démesurément larges. La plupart des boulevards, composés par la réunion de ceux qui longeaient intérieurement et extérieurement l'ancien mur d'enceinte, sont dans ce cas. Ils coûtent énormément à la ville comme entretien, plantations, éclairage, et présentent peu de sécurité pendant la nuit.

L'Administration municipale n'aurait-elle pas tout avantage à vendre les vastes étendues de terrain qui proviendraient de la réduction à près de moitié de la largeur actuelle de la voie, lors même que la vente aurait lieu à des prix minimes, avec facilité de payement, mais avec obligation pour tout acquéreur d'élever sur chaque lot une construction d'un prix au moins égal à celui d'acquisition du terrain.

Que de petites propriétés, que d'habitations ouvrières viendraient promptement border ces boulevards, auxquels elles donneraient la vie qui leur manque!

Et les **routes nationales**, à quoi sert maintenant leur majestueuse largeur? Ne serait-il pas avantageux de planter deux, trois et même quatre rangées d'arbres d'essences utiles sur chacun des bas côtés?

Entre autres essences, je signalerai le *powlonia* dont la croissance est rapide, dont la fibre serrée est peu impressionnable aux variations hydrométriques, et qui, par ces motifs, offrirait de précieux matériaux à la ménuiserie, etc.

§ 26. — La passion innocente et moralisante des fleurs grandit chaque jour; il serait à souhaiter que la vente de ces charmants et odoriférants produits fût permanente, et qu'elle fût surtout à l'abri de l'inclémence du ciel parisien.

Avec deux de mes amis, M. A. Chantin, l'un des premiers horticulteurs de Paris, et M. Louis Neuman, directeur d'une partie des serres du Jardin des Plantes, nous avons étudié le plan d'une serre monumentale qui serait à édifier, à l'est du Tribunal de Commerce, sur l'emplacement de l'ancien marché. Nous sommes arrivés à nous convaincre que, lors même que la dépense de cette construction atteindrait plusieurs millions, l'Administration ferait un placement des plus avantageux, tout en commettant... une bonne action.

§ 27. — Passons au *Jardin des Plantes*. Et, d'abord, pourquoi ce nom? celui de Jardin des Sciences Naturelles ne serait-il pas plus exact, surtout si, comme je le désirerais, on annexait à cet admirable établissement : les jardins des Écoles de Pharmacie et de Médecine, les amphithéâtres de dissection, qui seraient là à leur véritable place. Ah ! si, comme il en avait été question, l'Entrepôt, ce voisin incommode, voulait nous donner son emplacement! Mais, à son défaut, le côté est de la rue de Buffon pourrait nous offrir d'utiles annexes.

§ 28. — Quelle que soit la décision du Conseil municipal relativement à la réédification de l'*Hôtel de Ville*, il est nécessaire d'en surélever la base de quelques mètres, et de faire subir une opération analogue à la place de Grève, qui est actuellement le point le plus bas de Paris.

§ 29. — Par contre, la *place du Panthéon* aurait besoin d'être abaissée de plusieurs mètres; la colonnade, que viendrait précéder un escalier semblable à celui de la Madeleine, y gagnerait en majesté; les rues qui y conduisent verraient diminuer les fortes rampes qui en rendent l'accès si fatigant.

§ 30. — Le bruit court que l'électricité doit être appliquée à la mise en mouvement de toutes les **horloges publiques.** Ce serait là, certes, une précieuse amélioration; mais, en attendant, un arrêté municipal ne pourrait-il prescrire à toutes les administrations publiques ou privées de faire marquer l'heure de la Bourse sur tous les cadrans exposés aux regards du public? Le retard ou l'avance est un délit de fausses nouvelles, très-préjudiciables par ce temps de départs à heures fixes.

§ 31. — Le **chemin de fer de ceinture** n'a pas tout le succès qu'il mérite, eu égard à l'élévation de son prix, comparé à celui des omnibus; l'impôt de 0 fr. 10 par voyageur, vient encore accroître la différence. Ne serait-il pas logique de rétablir un peu l'équilibre, tout en créant une nouvelle ressource, en frappant chaque place d'omnibus d'un impôt de 0 fr. 05 ?

Mais arrêtons-nous; Dieu sait où nous entraînerait le courant des réformes.

A. Le Béalle.

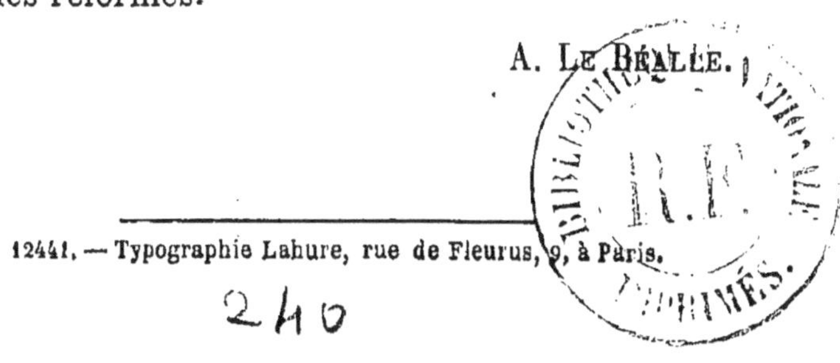

12441. — Typographie Lahure, rue de Fleurus, 9, à Paris.

www.ingramcontent.com/pod-product-compliance
Lightning Source LLC
LaVergne TN
LVHW010054230826
846091LV00005B/1939

9782011793195